LA GLORIA DE SER, HUMANO.

La fuerza del interior.

Yo soy

es el camino.

Autor

Krishna Mejia

La Fuerza del Interior.

La gloria de ser, Humano.

La Fuerza del Interior.

La gloria de ser, Humano.

La Fuerza del Interior.

La gloria de ser, Humano.

INDICE

La gloria de ser, Humano.

Introducción

Hoy vivimos en un mundo confuso, un mundo de muchas contradicciones es difícil poder entender las cosas que son importantes y necesarias para una vida llena de felicidad, paz y armonía.

El hombre durante su historia ha dejado volar su imaginación, a tal punto que la realidad más simple, se ha convertido en un mar de teorías sin sentidos, y significados erróneos.

Son muchas las personas que se sienten tristes, sin tener razones aparentes, pero la verdad es que están tristes, solo por no saber cómo ser felices.

Personas que buscan un camino, pero no saben su objetivo en esta tierra. Personas que no saben a dónde quieren ir, por tanto, el camino nunca se les presenta.

Hoy buscamos, desesperados, el amor de los poetas y la felicidad de los reyes, sin saber que los poetas se inspiraron en el desamor y que los reyes también lloran.

El ser humano ha perdido el rumbo de su grandeza, sin querer ha olvidado de donde viene y cuál es su propósito en este planeta.

La Fuerza del Interior.

Mi intención es que el hombre encuentre nuevamente su camino espiritual de forma natural, del modo correcto. Me gustaría que el ser humano medite en el gran ser que es, y que pueda llegar a la consciencia de todo lo que es merecedor.

Pero también advierto que, estos poemas y estas reflexiones van dedicadas a personas de mente abierta, critica. Personas capaces de ver más allá de lo que ya tienen establecido en su mente.

En ocasiones nos resulta difícil crecer, no por el hecho de no tener el modo de hacerlo, sino por negarnos la oportunidad de ver el mundo con ojos diferentes.

Los humanos damos por hecho que lo establecido es lo correcto y que lo escrito es la verdad, pero ni lo correcto es siempre correcto, ni la verdad está solo en un papel o en pergaminos. Hay muchas verdades que son mentiras y mentiras que son verdades.

Aquí con este pequeño aporte, de mi parte a tu vida, espero que, mediante la reflexión personal puedas ver que es verdad y que es mentira, siendo tú mismo quien tome esa decisión.

La gloria de ser, Humano.

Yo en ningún momento te diré cuál es la verdad o cual es la mentira, solo compartiré contigo mis pensamientos y mis experiencias vividas.

En tus manos esta encontrar el mensaje que dará vida a tu ser, solo tú puedes encontrar tu verdad y tu camino.

La Fuerza del Interior.

La gloria de ser, Humano.

Yo soy

El amor comienza en nosotros,

en mí.

Ser consciente del amor en nosotros,

en mí.

Reconocer todo lo que hay en la tierra,

Soy Yo.

Nacer en todo lo vivo,

es mi vida.

Convivir con toda la materia,

mi existencia.

La energía esta doblegada,

con mi poder.

El infierno se apagó,

ya no arde en mi ser.

El cuerpo se alzó templo,

mi alma regresa al cielo.

Yo Soy, es el camino.

La gloria de ser, Humano.

Yo Soy, es la verdad.

Yo Soy es la vida,

Yo no voy al ser si no es por mí.

Mi espíritu animado

camina sobre la tierra.

La grandeza es diminuta,

la semilla gigantesca.

La mujer mi debilidad,

el hombre mi fuerza.

de mi madre el perdón,

de mi padre la consciencia.

Yo Soy el ser que nació

el día que moriste.

Yo Soy la luz que se enciende

en medio a la oscuridad.

La noche es mi aliada de viaje,

voy lleno de coraje.

El día la alegría de mi curiosidad,

La gloria de ser, Humano.

un mundo de claridad.

Moraleja de mi entender,

visión de un amanecer,

Caminar no es cansado

si se quiere llegar,

llegar no es bueno

si se quiere seguir,

seguir no es todo

si la razón está en mí.

Yo Soy como tú, más yo no soy tu,

En ti esta ser como Yo.

Tú eres mi ser,

más mi ser no eres tú, En ti esta ser mi ser.

San Juan 14:6. Yo soy el camino, la verdad y la vida, nadie va al padre si no es por mí.

Quiero iniciar con esta cita bíblica porque es la piedra angular de todo mi trabajo, quizás muchos se pregunten si soy religioso, Pero no, justo comienzo con esta cita, porque detrás de ella hay un mundo de manipulación, por parte

La gloria de ser, Humano.

de los creadores de la biblia y los que eligieron los libros que serían incluidos en ella, dejando en ocasiones de lado las verdaderas intenciones y el buen mensaje de sus escritores originales.

Durante el concilio de Nicea se inició a establecer la forma de la biblia como la conocemos hoy, pero hicieron falta muchos años más para que fuera vista como el libro sagrado que leemos y en el cual millones de personas creen ciegamente y confían sin ninguna duda, sin ningunas contradicciones, haciendo de estas escrituras su forma de vida.

Constantino y sus obispos, en el 325 D.C en la ciudad de Nicea de bitinia, en el imperio romano oriental, el 20 de mayo, en esta fecha, el emperador romano y la más alta clase del clero, marcaron las pautas a seguir en la nueva religión, normas y reglas que han llegado hasta nuestros tiempos. Este concilio duro hasta el 25 de julio del mismo año. Según la historia, hicieron falta muchos más concilios para tomar la decisión final de los libros que serían incluidos en lo que hoy llamamos biblia.

En el concilio de Trento, una localidad italiana, XII siglos después, se realizó el concilio decisivo que dio lugar al nacimiento del legendario libro.

Este concilio tuvo lugar en el año 1545 y duro aproximadamente dieciocho años hasta el 1563 ya que fue dividido en diversas secciones porque no se ponían de acuerdo los obispo sobre el tema. En especial, cuáles eran los textos sagrados que incluirían y el modo en que serían usados ante las masas. Cuando llegaron a un acuerdo, nació la biblia tal cual la conocemos.

Ante de eso la biblia no era más que un montón de libros que fueron usados como pergaminos sagrados hebreos, en especial los que componen el antiguo testamento.

El nuevo testamento eran libros leídos por los nuevos seguidores de las enseñanzas de Jesús, pero libros que los hebreos, no cristianos, rechazaban y siguen rechazando a día de hoy.

Los libros del antiguo testamento, en especial el pentateuco, son los mismo que leía Jesús en las sinagogas.

Estos obispos que participaron en dichos concilios fueron los autores legales de la edificación, traducción y manipulación de lo que hoy es el libro más vendido de la historia y el conjunto de libros que usa una de las religiones más grande, rica y poderosa de nuestra tierra. Y aún se siguen estas dudosas enseñanzas.

Las verdaderas palabras de Jesús, según mis reflexiones y mis estudios, en San juan 14:6, ese día junto a sus discípulos fueron: yo soy es el camino, yo soy es la verdad, yo soy es la vida, no voy a mi ser si no es por mí.

Jesús quería dar a sus discípulos los medios que el hombre necesita para poder llegar a su interior, sin la necesidad de ningún intermediario, él quería que cada persona pudiera encontrar la iluminación mediante la meditación personal, Jesús quería que todos fuéramos capaces de avanzar solos, sin buscar fuera lo que ya tenemos dentro.

Ahora bien, en los tiempos en que la biblia se convirtió en libro de estado y los cristianos dejaron de ser perseguidos, eran tiempos de guerra y de muchos dioses paganos, los cuales no permitían a Constantino gobernar de forma uniforme su vasto imperio.

Había demasiadas ideologías repartidas a lo largo y ancho de todo su reino, es por esto que decide que mediante un solo Dios sería más fácil controlar las doctrinas de su pueblo, ya que todos tendrían las mismas ideas espirituales y podría contar con una herramienta muy poderosa para ese fin.

Esta herramienta seria la biblia conjuntamente con sus obispos, de los cuales el mismo Constantino era el principal líder y señor.

Estos obispos realizaron la traducción de la mayoría, de los libros que estaban originalmente escrito en hebreo y muchos otros en griego, pasándolo al idioma oficial del imperio romano el latín.

Aprovechando estas traducciones, surgió la transformación, acorde a los deseos del emperador y en la línea de los obispos, a sus fines de manipulación y control de masas.

Lógicamente, antes de la biblia estar en circulación, muchos cristianos, de esa época, estudiaban diferentes libros sagrados, los cuales no estaban en la línea de gobierno de este emperador romano, el cual buscaba un pueblo sumiso y tranquilo para poder gobernar, un imperio en paz, así que una vez se toma la decisión final en Nicea, todos estos otros libros que estaban fuera de los ideales del emperador, fueron prohibidos y quemados.

Los libros que, si dejaron, los obispos y su líder, establecieron cuales serían los diálogos que mejor se ajustaran a sus propósitos, cambiando letras y modificando texto consiguieron este objetivo.

Unos de estos textos es Juan 14:6 si el texto quedaba siendo original el objetivo no sería cumplido, ya que, con las palabras originales ningún ser humano seguiría la nueva religión, porque no sería necesario y menos seguirían a sus dirigentes.

Esto a Constantino como líder ambicioso y controlador no lo podía permitir, por eso inicio una campaña de propaganda con textos modificados, una campaña de propaganda tan buena que ha llegado hasta nuestros días.

Constantino, no solo mando a quemar todos los demás manuscritos, sino que también empezó a perseguir y matar a todos los que no estuvieron de acuerdo con la decisión de aquel concilio de Nicea y todos los emperadores que le sucedieron seguían el mismo orden y las mismas directrices del majestuoso emperador Constantino.

La gloria de ser, Humano.

Otra de las cosas que se estableció en aquel fatídico concilio, fue la imposición de que las sagradas escrituras serian solo leídas por los líderes de la iglesia, para evitar las interpretaciones de terceros, es decir, para tu escuchar las palabras de dios, tenías que ir a una iglesia, ya que solo los curas, obispos y dirigentes eclesiásticos, podían interpretar la farsa realizada por ellos mismos.

No fue hasta mediado del siglo XV que Martin Lutero tradujo al alemán los primeros ejemplares destinados a persona fuera del clero. Lutero reclamaba al papa la reforma de la iglesia por estar fuera de los mandamientos divinos.

Según el monje Agustino, la iglesia estaba siendo usada para fines personales de sus santidades. La reforma propuesta por Lutero es rechazada y gracias a este evento nace lo que hoy conocemos como el protestantismo o la iglesia luterana, que en latino América es llamada de diferentes formas la iglesia pentecostal, la asamblea de dios, iglesia de la profecía, etc. Todas estas ramas posteriores del cristianismo nacen con esta revolución luterana.

Jesús nunca se vio superior a sus discípulos y menos se consideraba un Dios, Jesús era un ser humano iluminado y buscaba que todos los que escucharan su mensaje pudieran llegar a ser como el, un ser de luz.

En mateo 17:20 Jesús dice a sus discípulos. - Porque ustedes tienen muy poca fe. Les aseguro que, si tuvieran fe, aunque solo fuera del tamaño de una semilla de mostaza, le dirían a este cerro quítate de aquí y vete a otro lugar y el cerro se quitaría. Nada les sería imposible.

Jesús intenta, hacer entender a sus discípulos y a sus seguidores, que ellos tienen el mismo poder y las mismas fuerzas que él, solo que les faltaba fe.

La fe es algo que brilla por su ausencia en estos días. El significado de la palabra fe es, la certeza de lo que se espera y la convención de lo que no se puede ver.

Hay una ley en el universo que se llama, la ley de la atracción y en estas palabras de Jesús deja al descubierto esta ley, así como en muchos de sus mensajes. Desde mi punto de vista, está todo muy claro.

La gloria de ser, Humano.

En esta ley universal, todo aquello que esperas con certeza de que llegara y convencido, de que, aunque no lo veas lo tendrás.

La escritora Rhonda Byrne público en 2006 un libro titulado el secreto, en donde explica esta ley de un modo muy claro y preciso, la escritora fue inspirada en los pensamientos del escritor Estadounidense William Walker Atkinson nacido el 5 de diciembre del 1862 en los ángeles california.

Menciono esta escritora y a este pensador estadounidense porque en nuestros tiempos son los más relevantes, pero a lo largo de la historia han sido muchos los maestros, que nos han intentado descifrar estas enseñanzas, maestros como el francés Voltaire o el filósofo griego Sócrates, e incluso Shakespeare hace mención, de forma más sutil, sobre este tema, con el fin de que podamos, mediante nuestros propios medios, sin la necesidad de un cura un psicólogo o ayuda externa, salir adelante ante cualquier problema o cualquier situación.

El ser humano tiene la capacidad de crecer, mediante sus propios medios llegar a lo más alto de su poder. Unas de las pruebas

La gloria de ser, Humano.

máximas, siguiendo este contexto, fue cuando pedro sale de la barca y va en busca de Jesús, realizando su misma proeza, caminando sobre las aguas.

San Mateo 14:29-31 ven dijo Jesús. Pedro bajo de la barca y comenzó a caminar sobre las aguas en dirección a Jesús, pero al notar la fuerza del viento tuvo miedo y comenzó a hundirse, grito ¡sálvame, señor! Al momento Jesús lo tomo de la mano y le dijo ¡que poca fe tienes! ¿Porque dudaste?

Una vez más Jesús muestra, con sus palabras, que no es el quien da el poder para crecer, una vez más intenta decir a pedro, en ti esta la fuerza para ser como yo, pero el problema de pedro fue el mismo problema que existe hoy, las personas tienen miedo de ser grande, tienen miedo de ser como Jesús, tienen poca confianza en sí mismo, alejando de ellos el poder evolucionar.

Las personas han perdido su fe, confundidos con la inexistente necesidad, de que para poder ser grande necesitan un medio externo, cuando todos los grandes maestros nos dicen que el camino solo está en nuestro interior.

San Marcos 5:34 Jesús dijo. Hija por tu fe has sido sanada vete tranquila y curada de tu enfermedad. Jesús sabía, que el único poder que él tenía estaba en él y que ese mismo poder lo podía tener cualquier ser humano, mediante la ley de la atracción o mediante la fe.

San Lucas 17:20-21 los fariseos le preguntaron a Jesús cuando había de llegar el reino de dios y Jesús le contesto. El reino de dios no va a llegar de forma visible, no se va a decir aquí esta o allí esta; porque el reino de dios ya está entre ustedes.

Esta fue una respuesta a personas que no eran seguidores de Jesús, pero aun así Jesús afirma que el reino de dios ya está entre ellos, pero del mismo modo que los fariseos no podían ver ese reino, hoy también el ser humano no es capaz de ver esa grandeza que ya tienen dentro y mediante la cual son capaces de hacer uso, de modo seguro y con fines exitosos.

Busco que reflexiones y que puedas encontrar ese reino esa grandeza que llevas dentro y que estas dejando pasar por alto. Me gustaría que aprendieras a ver tu fuerza interior sin la necesidad de nada más que tú. Con esta fuerza

La gloria de ser, Humano.

tu puedas lograr todos tus sueños llegando a lugares que jamás imaginabas que podían existir.

Triunfante

En un mundo de sombras confusas, cabezas llenas de ideales vacíos, camuflados con engaños, y mentiras divisorias. En esta jungla de animales fuertes y poderosos. Aquí en esta tierra donde la plata es la felicidad y el plomo la fuerza. En medio de toda esta maleza de acero y de cemento, me siento un ser triunfante.

En el fugaz tiempo que todos llamamos vida, hago una reflexión y mirando con ternura lo profundo de mi interior, puedo acariciar la efímera guerra de mi existencia y como un manantial de claras fluyentes, veo que no hay más enemigo que yo mismo.

Quizás por querer aferrarme con tanta potencia a lo conocido, a lo amado, a lo querido. Quizás por no querer soltar a la temerosa costumbre, pero sin tener jamás miedo a ser valiente ante la vida, saltando al vacío, cuando ha sido necesario, y tirando de la cadena que abre el paracaídas del crecimiento, que me lleva directo al éxito de la felicidad.

Existen personas en este mundo de democrática mayoría, pero con poca libertad, que constantemente se juran a sí mismos perdedores, por causas que son inevitables e incluso en ocasiones son causas agradables. Perdí, se repiten con cada suceso, ya es decadente este proceso.

Perdí a mi padre, perdí a mi madre, perdí amigos incondicionales, perdí dinero, perdí trabajo, perdí amores incalculables. Es un perder constante que le llena de tristeza toda la existencia, y sin darse cuenta pierden la cabeza y aún más importante pierden la propia vida.

En el momento que llega la muerte, ya no queda nada de la tierra, queda todo en ella. Es entonces cuando también pierden la fantástica oportunidad de haber vivido, solo por tener miedo a lo desconocido, miedo a caminar, miedo a descubrir, miedo a sentir, miedo a dejar atrás todo lo conocido.

Hay que aceptar cada situación como lo que es, un momento que pasa y no regresa, una lluvia que cae y con el sol se seca. Preparar el terreno para el próximo cultivo, quitar las malezas y las piedras del camino. El solo hecho de haber nacido da la mitad del arado y nos hace inmensamente productivos. Aflorando en cada terreno lo que plantemos con cariño y esmero. Arboles de libertad, que den frutos de felicidad, alimentando de armonía y de paz el hambre de la humanidad.

Las victorias o las perdidas no tienen importancia en esta batalla que solo es interna, donde el alma me grita, en gran manera, la necesidad de comerme cada instante, como dulce y saludable panal de miel. Suspirar cada momento como fragancia del mejor perfume, dar cada paso con ilusión y valentía.

Busco con cada mirada una observación imprégnante. Me gusta sentir el susurro del viento mientras acaricia mi piel, cerrar los ojos, y aunque despierto, soñar que puedo volar junto con él.

Porque mi espíritu necesita que le diga cada día que estoy vivo. Veo en cada ocasión la afortunada ganancia que la vida me ofrece en abundancia.

Gane la fuerza que me enseño mi padre, gane el amor que me dio mi madre, gane experiencias de amigos geniales, gane libertad entre cuatro paredes, gane un año más de vida que en ningún momento ha sido aburrida.

La firme ilusión de vivir cae como cascada, que no repite ni una gota en su descenso

La gloria de ser, Humano.

contra la roca. Abriendo espacio entres montañas, y esquivando cada barrera, sin importar lo que se encuentre jamás se frena, hasta llegar a su meta, besar el ancho mar, fusionando sus dulces aguas con las saladas.

El tiempo no se detiene da igual a donde mires, solo tiene importancia aquello que se vive, siendo tu decisión el lugar por donde camines, dándole sentido a lo que solo tú decides.

Muchos llaman destino a los hechos, y se escudan buscando pretextos, negándose el poder construir la firmeza de sus sueños, sin darse la oportunidad de ver la grandeza que llevan dentro y la gloria de ser humano.

Creen ser felices envueltos en la negra neblina, fría y polvorienta de lo material, y se dan de golpe al sufrir la penosa realidad que le revela la tristeza y la decepción.

Siendo la frustración la que los empuja en busca de una certeza que los lleve a tocar la fuerza de reír con pureza.

Y es que ser feliz en este mundo de abundancia, es cuando comprendes que la felicidad es ser tú mismo y no necesitar nada.

La gloria de ser, Humano.

La Fuerza del Interior.

Cuando eres capaz de ver belleza en la tristeza y transforma el dolor en valiosa experiencia, que te ayuda a cambiar la conciencia.

Nunca podrás ser feliz en este espejismo de vidas ficticias, mientras busques fuera la enorme grandeza que ya se encuentra dentro del maravilloso ser para el que naciste.

Siento el presente como el último instante, lo abrazo con energía y afecto. Miro el futuro de frente, de cara al horizonte, en este diminuto tiempo infinito.

Me siento desafiante, con un sabor refrescante. Sin ofuscarme, con calma camino adelante, viendo en cada momento lo que soy, un ser triunfante como tú, como el, como ellos, como nosotros con energía más que abundante.

La gloria de ser, Humano.

Ángeles y demonios

Todo lo fantástico es de dudosa creencia. Lo único fantástico, en este plano terrenal, es el ser humano, en todas sus facetas. Es de todos saber y por mucho se ha dicho que la realidad supera la ficción. Nosotros los hombres alimentados día a día por las fantasías que nos muestra la televisión, hemos creado una vida simple, donde dejamos de dar realidad a nuestra naturaleza como seres humanos. La grandeza del ser humano supera en mucho la grandeza de super héroes de la pantalla o de la fantasía.

La ficción es más simple que la vida real, y a pesar de la simplicidad que estos personajes de ficción nos hacen sentir, hay muchas más maravillas en nosotros los seres humanos, de lo que podamos imaginar. Empezando por la más simple de estas maravillas, todos estos super héroes son mentiras creadas por un excelente escritor, nosotros los seres humanos somos verdad, creados por la divina creación del universo y somos portadores de vida, portadores de luz.

En la ficción, el escritor intenta mandar un mensaje mediante los diálogos de sus películas. Nosotros nos centramos en lo magnifico del personaje, dejando pasar por alto ese mensaje.

En la realidad de la divina creación nosotros somos el mensaje, pero nos centramos en la inexistente pequeñez del personaje o la persona.

Las personas estamos centrados en el yo singular externo, en el yo material, en el yo que se viste y calza, perdiendo conexión con el yo soy interno, el yo que da conexión con el todo, el yo que unifica y que glorifica, el yo que nos convierte en seres únicos en el universo.

Del mismo modo pasa con lo espiritual, todo es tan fantástico que no somos capaces de ver lo real y buscamos en la ficción de los personajes algo que simplemente está en nosotros. Pondré algunos ejemplos con las siguientes oraciones.

1-Los ángeles bajaron del cielo con sus grandes alas.

2-Las trompetas del cielo sonaron a manos de los angelicales seres celestiales.

3-El diablo barrio con fuego toda la explanada.

4-Los demonios salieron de las profundidades del infierno.

Estas oraciones son partes de las fantasías, que no nos dejan ver la realidad de nuestra existencia y las maravillas de nuestro ser.

Por otro lado, está la realidad.   Y también pondré algunos Ejemplo.

1-Un hombre que ella no conocía se lanzó a las líneas del tren y salvo su vida.

2-Un joven en Francia escalo hasta lo alto del edificio y salvo, la caída al vacío, de un pequeño destinado a morir.

3-El bombero entro al edificio en llamas para rescatar al perro.

4-El niño, aun sabiendo lo que hacía, lanzo el papel encendido, y quemo todo el bosque, solo para observar el fuego.

5-La mujer dejo a su hijo recién nacido en el camino por donde pasaban los lobos, de modo tal que fuera devorado.

6-El hombre descuartizo a su compañera de toda una vida.

La gloria de ser, Humano.

La Fuerza del Interior.

Todo lo que necesitamos saber está en nosotros. buscando en nuestro interior nos daremos cuenta de que la vida humana es como la naturaleza, simple y compleja al mismo tiempo, pero sin forzar nada. Una pequeña semilla se convierte en grande y robusto árbol.

Cuando buscamos en nuestro interior la fuerza de la que somos poseedores, es entonces que nos damos cuenta de que los ángeles y los demonios, no son otra cosa, que nosotros mismos, según nuestra elección.

Así como también podemos ser nuestro peor enemigo. Nuestra mayor lucha está en nuestro interior. El cielo y el infierno está dentro del maravilloso universo que somos.

Yo en especial he tenido contacto con muchos ángeles, igual que todos los seres humanos. En esos momentos en los que me he sentido sin salida, y otro ser humano sin ningún interés me ha tendido la mano, me ha ayudado a salir de una situación la cual yo creía imposible.

Yo he hablado con los ángeles cuando me he sentido triste, he encontrado personas, que, con sus palabras, han devuelto la alegría a mi rostro y a mi ser. Doy gracias a todos esos ángeles, que, aunque quizás no lo saben,

La gloria de ser, Humano.

fueron guiados por la divinidad infinita del todo y la nada, para que de modo simple curaran mi alma y aliviaran mi dolor.

Pero en mi vida nunca he tenido ángeles de piel dorada y rostro perfecto e imponentes alas. Menos, ángeles bajando del cielo con el sonar de las trompetas, ni tampoco quiero verlos porque no creo en la ficción.

Yo también he tenido contacto con demonios, Personas que, de modo consciente, han actuado para borrar mi sonrisa, personas que viéndome triste, han hurgado en la llaga de mi dolor, sin ninguna compasión, pero nunca les vi los cuernos a ninguno de ellos.

Doy gracias a todos esos demonios, los cuales han llenado mi vida de fuerza, como si de un entrenamiento militar se tratase. todos estos demonios han sido guiados, por la divinidad infinita del todo y la nada, para llenar mi ser de sabiduría y pureza.

Yo soy un ángel que ama al ser humano con sus defectos y virtudes, soy un ángel mensajero, con un gran sentido de la justicia, capaz de dar mi vida por mis amados.

La gloria de ser, Humano.

Yo soy un demonio que siente odio, y ha cometido maldades. Un demonio al que en ocasiones le invade la duda, llenándolo de ira. Un demonio que siente celos y experimenta todas las emociones.

Pero por encima de todo yo soy un ser humano, que, en conexión con la divinidad infinita del todo, no tengo límite de grandeza. Yo soy como tú.

La gloria de ser, Humano.

Fusión

El cielo y el infierno están dentro de mí,

El Diablo y Dios, son mis amigos.

Los ángeles y los demonios

hacen fiesta en mi honor.

El fuego es mi pasión, El agua mi ilusión.

El amor me guía, El odio me enseña.

El cielo es mi felicidad, El infierno mi tristeza.

El Diablo es la mentira, de Dios es mi grandeza

Demonio es mi padre,

Del cielo llegue a mi madre.

Abrase el infierno, camine en sus llamas,

acaricie su fuego.

El cielo me mira y toma mi mano

llevando mi alma de vuelta al edén.

Las mentes atormentadas del pasado

se implantaron a fuego lento en las memorias

del presente.

La gloria de ser, Humano.

La Fuerza del Interior.

Poetas profanando el cielo,

Profetas caminando en el infierno ardiente.

Deje a la luz mi debilidad,

sacando a relucir mi coraje en la tierra.

Mi valentía se deslizo por los dedos de la ira.

Fue en esta era de valientes con cobardía

y cobardes con mucho valor.

El calor de la injusticia alimento mi paciencia,

el frio de los corazones acrecentó mi

consciencia.

La malicia, no es una ciencia,

es escuela de dolencia,

que te gradúan en experiencia.

La gloria de ser, Humano.

Santo sepulcro

Sentida nota luctuosa,

ha fallecido en la ciudad del cielo,

El más alto cargo de nuestros tiempos y del

pasado.

El excelentísimo Padre,

rey de reyes y señor de señores,

ha cerrado sus ojos, para no existir más en el

futuro. Se abrió la conciencia,

conocimiento en manos de la ciencia.

Sus ángeles han caído en la tristeza por tan

opulenta perdida.

Sus seguidores claman sin ser escuchados,

lloran sin ser consolados.

El mundo está desolado,

la tierra se lamenta por la desgracia.

Los caminos se han oscurecido,

el sol ha perdido su brillo.

La mente humana se prepara para el sepulcro,

La humanidad esta animada por el lucro.

La divinidad infinita busca sustituto,

para ocupar el trono del santo difunto,

se pasea buscando frutos,

en olivos dignos y pulcros.

La voz de la trompeta ruge en los corazones

oprimidos.

El tiempo de despertar ha llegado para el que

estaba dormido.

Aquellos que sufrieron serán bendecidos.

Ya el ser no se conforma, con pan y vino.

La sangre derramada no está en el olvido,

bajo de la cruz y siguió su destino.

En lo profundo del alma se celebra la muerte,

el hijo del hombre está aquí presente,

invadiendo mente y todos los torrentes

La gloria de ser, Humano.

El Dios del cielo

San Mateo 1:1 esta es una lista de los antepasados de Jesucristo, que fue descendiente de David y de Abraham…

San Mateo 1:16-17 Jacob fue padre de José, el marido de maría y ella fue madre de Jesús al que llamamos el Mesía. De modo que hubo 14 generaciones desde Abraham hasta David, otra 14 desde David hasta la cautividad de los israelitas en babilonia y otra catorce desde la cautividad hasta el nacimiento del Mesía.

Bien llegado a este punto quiero explicar lo siguiente, todo el linaje de Abraham es sanguíneo incluido Ismael el hijo de Agar la esclava egipcia. Pero al llegar a José, hijo de Jacob, esta línea sanguínea se pierde por completo con el nacimiento de Jesús, ya que todo sabemos que, José no fue el padre de Jesús, por lo tanto, el linaje de David se corta con el nacimiento del mesías, la línea de sangre desaparece. Ahora bien, desde este contesto podríamos decir que Jesús no desciende de este linaje y que, si quisiéramos encontrar, seguir su linaje tendríamos que centrarnos en maría su madre el cual sería el verdadero linaje sanguíneo del Mesía.

A lo largo de la vida de Jesús, y según la biblia, el pueblo de Israel rechaza al nazareno y no lo considera su Mesía. En una ocasión Jesús fue sacado de la sinagoga, en Nazaret su ciudad de nacimiento, donde están todos sus familiares paternos descendientes de Jacob, descendientes de David, de Abraham. Jesús aquí es marginado y casi lanzado por un despeñadero por sus contemporáneos y su propio supuesto linaje. Según nos quiere hacer entender la biblia, Jesús es hijo del Dios de Abraham ya que asegura que Jesús es descendiente de David, cuando en verdad la sangre de José no corre por sus venas.

En San Lucas 4:16-30 podrás encontrar este linaje y veras como, José si es un buen hombre y según la biblia justo, pero no fue el quien engendró al Mesía y por tanto Jesús no puede ser descendiente de este linaje ya que José es solo una herramienta usada para el cuidado del propósito de Jesús, a tal punto que mientras maría está en cinta José no la toca de forma que el Mesía naciera puro. Ahora bien, visto que Jesús no es de este linaje yo me pregunto ¿será que Jesús tampoco tiene por Dios al mismo Dios de los antepasados de José marido de maría y padre de todos los demás hermanos

La gloria de ser, Humano.

de Jesús los cuales si son del linaje de Abraham?

San Juan 8:44 el padre de ustedes es el diablo; ustedes les pertenecen y tratan de hacer lo que él quiere el diablo ha sido un asesino desde el principio. Nunca se ha basado en la verdad. ustedes no me creen.

San juan 8:47 el que es de Dios escucha las palabras de Dios, pero como ustedes no son de Dios, no quieren escuchar.

Siguiendo esto puedo, desde mi interior, entender que el Dios de Jesús no es el mismo Dios de los israelitas, y menos desciende de ellos, he incluso Jesús repudiaba tanto las formas de los descendientes de David y de Abraham, así como sus doctrinas y modo de enseñanza de los líderes religiosos de su época.

Líderes que eran los mismo que siempre cuestionaban al Mesías e intentaban, sin éxitos, dejarlo en ridículo para poder señalarlo.

Como creer en un Dios lleno de ira, un Dios que reduce a pueblos enteros sin ninguna compasión, como lo hizo con Sodoma y Gomorra, o el diluvio que termino con casi la

La gloria de ser, Humano.

totalidad de la humanidad. Un Dios que siente celos enfermizos, ira descontrolada y hace distinciones, de razas o credos. Un Dios que busca ser amado a cualquier precio, un Dios que amenaza con la destrucción a toda nación que no se acoja a su benevolencia, o su grandiosa bendición.

Dios es el conjunto de todo lo que hay en el universo, y por tanto todo lo que hay en la tierra le pertenece. todo aquí en esta tierra finita, es parte de Dios, como un cuerpo en su totalidad.

Dios es energía que circula libremente en todos y cada uno de nosotros, es el conjunto de toda la materia existente. Dios se encuentra en todo lugar, desde un simple y pequeño grano de arena, hasta la estrella más lejana del universo, y si existe algo más lejano, ahí también está el con su divina y maravillosa energía resplandeciente.

Dios está en cada ser humano que habita este planeta, en cada animal, en cada ser vivo. Dios es vida en movimiento, energía en circulación. Dios es divinidad infinita, es el todo, es la nada. Dios ama a cada uno de los seres humanos por igual, indiferentemente cual sea la religión que decida tomar o cuales sean sus actos, no es un ser de castigos o malos tratos, Dios no hace diferencia entre buenos y malos, blancos o negros. Dios no está en un cielo y mucho menos en un trono sentado como un simple rey.

Me resisto a creer que Dios tenga un lugar en concreto, en donde hay calles de oro y mares de cristal, con ángeles a su servicio y disposición.

No creo en un Dios que se encuentra sentado en un trono, simulando a ser un rey imponente, como si Dios fuera una figura solo de este planeta. Así ese lugar sea el cielo y el trono sea de oro.

No puedo creer en un Dios como algo tan simple y fantástico, más parecido a palabras de hombres, que a grandeza divina. Mas parecido a creación del hombre, que a fuerza eterna.

Tampoco es digerible en mi conciencia, la idea de un diablo. Un diablo maquinando los males del mundo, gobernando un reino de fuego y azufre. Un diablo atormentando personas durante toda una eternidad. Menos creo la fantasía de ángeles bajados del cielo tocando trompetas o demonios con cuernos salidos de lo profundo de la tierra, todo esto me suena a fantasía bien elaborada. Un diablo, que, a su vez, fue creado por el mismo Dios, que según dicen, sabe todo, pero se le escapo ese detalle.

No es mi intención ofender los dogmas de personas religiosas. Personas que buscan de forma honesta, la luz que el mensaje que estas religiones les ofrece.

Pero este mensaje no lleva a la humanidad a encontrar su espiritualidad verdadera, su espiritualidad natural.

Este mensaje, que las religiones ofrecen al hombre, los deja sumidos en ceguera, en sufrimientos e incomprensión del porqué de su malestar y el cómo sanarlos, confundiéndolos y alejándolos de su grandeza como seres humanos divinos.

Las religiones usan el miedo a un infierno como medio de captación y el premio a una gloria por la sumisión. El pago de diezmo, ofrendas o donaciones, para evitar el infierno y ganar la gloria.

Esta estrategia va enriqueciendo a sus líderes de forma descomunal. El dinero recaudado por los líderes religiosos, en la mayoría de los casos, nunca llega al pueblo necesitado y solo

La gloria de ser, Humano.

sirve para alimentar la avaricia de estos líderes, que poco les importa la salvación del individuo.

El fanatismo de líderes religiosos ha llegado a su punto máximo de decadencia. El mundo está despertando de una realidad que ha sido creada a consciencia.

Me doy cuenta de que el mensaje de las diferentes religiones, a pesar de su fuerza, y el poder de convencimiento que tiene, no da a sus creyentes la grandeza de la que son poseedores. grandeza la cual merecen por derecho divino, y como parte del conjunto del universo, en conexión con esa energía que mueve el mundo.

Tampoco pretendo reducir la fe o la magnífica ilusión de creer. Todos debemos de tener esa chispa de ilusión y búsqueda en nuestro interior, en nuestra mente, en nuestro ser. El medio que usemos es indiferente.

Dios está en los cristianos, en los musulmanes, en los budistas, en los chamanes, en los brujos, en cada ser humano que respira camina y sueña. Esa chispa de fe debe persistir sea por las tantas religiones, por ídolos, por el sol, o por una simple piedra.

La gloria de ser, Humano.

Hay que tener esa pequeña chispa mediante la cual se enciende el fuego que arrasa con la inocencia, y quita de raíz la ceguera a la que el mundo nos lleva destruyendo la consciencia de la mente, y la esencia del espíritu.

Ese fuego que nos hace consciente de nuestra propia espiritualidad, de nuestra propia grandeza. Cada ser humano es como una huella digital delante del infinito, una huella conectada con una fuerza que nos une con todo el universo.

En esta vida todos tenemos diferentes caminos, todos tenemos diferentes vidas, cada ser humano tiene un deber para con el mundo, hemos sido dotados de dones para contribuir con el planeta, y con los demás seres humanos.

Llegamos a este plano de consciencia para poder conocernos, para poder formarnos como seres divinos, como ángeles de luz. Estamos en este planeta para ser Dios en materia viviente, pensantes, creadores de vida y bienestar.

Pero, sobre todo, y más importante, tenemos como seres humanos, una gran responsabilidad con nuestro entorno natural, con nuestras plantas, con nuestros mares, con nuestros animales, ya que estos también son Dios y es nuestro deber conectar todo el entorno a nuestro interior para llenarnos de energía que ilumine a quien nos mire. Esa energía que se encuentra en cada centímetro del universo, esa energía a la que muchos llaman Dios, pero sin saber su definición.

La energía de donde todos hemos salidos y a donde todos regresaremos como unidad del todo infinito y eterno. La energía que te hace despertar por las mañanas, la energía que te permite respirar, ver, escuchar, caminar. la misma energía que mueve los vientos, y hace vibrar la tierra, la energía que sacude los mares, y da el calor al sol, esa energía que hace brillar las estrellas, la misma energía que hace caminar a las hormigas y rugir al león. Esa energía que tengo yo, la misma que tienes tu. Esa energía que nos hace uno y al mismo tiempo nos convierte en Dios.

La gloria de ser, Humano.

Preguntas

Aquí algunas preguntas que me gustaría que tu respondieras, quiero que seas honesto y las contestes siendo sincero contigo y sin tabúes o influencia de lo que has aprendido, tienes que contestarlas desde tu lógica, tu razón y tus propias conclusiones.

1 ¿Quién es Dios y quien es el Diablo?

2 ¿Qué es el infierno o que es la gloria?

3 ¿Quiénes son los ángeles o los demonios?

4 ¿Si Dios creo al diablo, por qué no sabía que el diablo lo traicionaría y si lo sabía, por qué lo creo?

5 ¿Por qué necesita dios un diezmo si sus calles son de oro?

6 ¿Para qué Dios necesita ofrendas si él es dueño del universo?

7 ¿Es acaso que Dios necesita al hombre para financiar su cielo?

8 ¿Sera qué el universo es poco y Dios aun quiere más?

9 ¿Por qué necesita Dios defensores si él es omnipotente?

10 ¿Qué haces llamando a Dios si él es omnipresente?

11 ¿Para ti quién es Dios?

12 ¿Para ti quién eres tú?

La gloria de ser, Humano.

Desperté

El sufrimiento más sano, es aquel que te lleva de las manos, acompañado de la señora experiencia. El dolor más dulce es el que te lanza al vacío del desapego, enseñándote a verte a ti mismo por dentro.

La amargura más profunda te hace nacer de nuevo en otra persona diferente. La tristeza desesperada despierta el corazón y al alma le da alas, te hace volar a lugares que jamás imaginabas, deja los ojos abiertos mirando hacia dentro.

Tengo el corazón y alma marcados por los reflejos de la vida y aunque mis heridas están cicatrizadas, puedo ver un espejo en los heridos que aún sangran.

Ya desperté, dormido estaba yo en este Mundo.

Me libere, camino en el mal y no me hundo.

Ya descansé,

fue un sueño largo y muy profundo.

Me levante,

yo solo estaba apagado y moribundo.

La gloria de ser, Humano.

Ya soy feliz,

disfruto de mi vida segundo a segundo,

Me agarre a una estrella y sigo su rumbo.

No he elegido yo estos pensamientos que consumen mis adentros, es un fuego imparable soplado por el viento.

Mi temor en la vida es el ansia de seguir viviendo, bebiendo del cáliz embriagador del conocimiento.

Por fin he comprendido quien soy, y para que estoy en este mundo. Para todos estoy muerto, llego la hora de vivir mi paraíso.

Empujo de una vez la soledad al abismo y mientras la veo caer me despido, sabiendo con tranquilidad que nunca más se cruzara en mi camino.

La soledad es una cortina de humo, que cuando soplas fuerte y miras bien, descubres que nunca has estado solo.

Ya desperté, dormido estaba yo en este mundo.

Me libere, camino en el mal y no me hundo.

Ya descansé,

La gloria de ser, Humano.

fue un sueño largo y muy profundo.

Me levante,

yo solo estaba apagado y moribundo.

Ya soy feliz,

disfruto de mi vida segundo a segundo.

Me agarre a una estrella y sigo su rumbo

El podrido y acabado madero caído, ha resurgido de las cenizas de lo que un día fue y se transformó en semilla que crece en tierra fértil.

El dolor se elevó en tristeza suave preciosa, Paciente, capaz de hacer florecer sus sentidos más primitivos.

Un negro carbono se quemó en volcán furioso, ardiente, con alta temperatura. Transmuto en radiante y brilloso diamante de luz transparente, lleno de colores reflejantes con destellos gratificantes.

Los mineros al verlo no supieron valorarlo porque al tenerlo en sus manos, este estaba en bruto y se confundieron con una piedra vulgar, ya que carecían del ojo preciso y el

La gloria de ser, Humano.

conocimiento apropiado de un maestro joyero experto.

Árbol de grandes ramas, nacido para ser parte del fuego que derrita el Frio invierno que azota el mundo. Madera de leña seca ardiendo en chimenea, calor que calienta corazones. Tu deber son tus largas ramas cortadas, pero vuelven a retoñar en primavera.

Diamante de grande vitrina que adornas coronas de reinas y grandes veladas empadronas. Piedra de brillo escándete. Mas duro que cualquier metal presente, En este mundo demente. destella en sus ciegos ojos, quita las vendas de los incoherentes.

Ya desperté, dormido estaba yo en este Mundo.

Me libere, camino en el mal y no me hundo.

Ya descansé,

fue un sueño largo y muy profundo.

Me levante,

yo solo estaba apagado y moribundo

Ya soy feliz

disfruto de mi vida segundo a segundo.

La gloria de ser, Humano.

La Fuerza del Interior.

Me agarre a una estrella y sigo su rumbo

Como alejarme de esto si siento que es mi mundo y yo un simple clavel que necesita de su energía. Mis raíces están ancladas a su alegría.

Mi corazón ríe, mi alma da saltos de felicidad por todo lo que por dentro puedo acariciar. En mi interior se hizo un silencio lento que lleno todo mi ser de un dulce aliento.

Me siento afortunado por cada amanecer opulento, y agradecido por el aire que da vida a mi ser corpulento.

Sali de un valle de penumbras, crucé la frontera y me vi de repente en un paraíso que deslumbra. Mis ojos relampagueantes brillan de emoción, siento en el alma una hermosa canción.

No veo nubes en el horizonte que anuncie ninguna tormenta, siento en mi paladar un fresco sabor a menta. Me siento poseído por una grandiosa paz, parece que mi piel reluce de claridad.

Con los ojos abiertos, aunque este en oscuridad, puedo ver a lo lejos la cara de la verdad.

La gloria de ser, Humano.

El ruido del mundo, al parecer alegre, no conoce lo armonioso del silencio sin velocidad.

Felicidad

Yo diría que la felicidad es riqueza, por tanto, se puede medir. Para medir la felicidad solo tienes que ver el nivel de tranquilidad y la forma de afrontar los momentos que todos llaman desgracias, esos momentos en los que sientes que el alma quiere escapar de tu cuerpo y te falta el aire que da vida a tu ser.

Si eres capaz de abrazar la desgracia como parte de la vida y no te derrumbas ante la adversidad es porque eres rico y por tanto eres feliz. Cuando puedes enfrentarte a los momentos que no son de tu agrado con una sonrisa, eres feliz. Aceptar cada situación, como parte de la vida, es felicidad.

La felicidad no depende de cuanto tienes, ni muchos menos de cuantas personas te rodean, tampoco depende de cuanto has logrado o que has conseguido en la vida.

La felicidad no está en tus estudios, educación, o a que universidad fuiste para estudiar, ni cuantos libros a leído a lo largo de tu vida.

La felicidad no es tu pareja o tu familia, ni cuantos hijos tienes, o si no tienes ninguno.

tampoco si tu familia es unida, estructurada, mala o buena. Sí tus padres están juntos o separados, si se pelean o son armoniosos, o que tan lejos has llegado estando a su lado.

La felicidad no depende de cuanto te han maltratado o te han mimado. La felicidad no es estar acompañado de amigos o aduladores.

Ser feliz no es realizar una gran fiesta por tu cumpleaños, ni ser invitado a las mejores fiestas del condado. La felicidad no está en las palabras bonitas de tus amistades, ni en la traición de las personas en quien has confiado. La felicidad no está en ser amado o estar solo.

Tampoco podemos confundir la felicidad con las cosas materiales que has logrado conseguir gracias a tu trabajo, ni por la fortuna o éxito que tengas como persona.

La felicidad no son tus fracasos. La felicidad no es vivir en mansión o en una chabola, ni tener los coches lujosos, ni estar bañado en oro, ni en diamantes.

Medir la felicidad mediante lo que puedes ver es vanidad y por mucho que tengas serás pobre. La verdadera riqueza del hombre radica en que tan dispuesto está a reír, sin importar el

La gloria de ser, Humano.

momento que este viviendo, indiferentemente estos momentos sean con familia, amigos o estando solo en tu casa o en la calle.

Reír no es solo mostrar los dientes, se puede reír también en silencio. Un silencio que llena el alma de paz, la cual no se puede comprar con dinero, por eso quien la tiene es más rico que el dueño de todo el oro del mundo.

El más rico del mundo no puede comprar un minuto de paz, si no es capaz de reír mientras el alma le duele.

El nivel más alto de felicidad es aquel que parece de locos, cuando ríes antes las situaciones que en teoría te deberían hacer llorar. Esos momentos donde sientes que no puedes seguir adelante, pero aun así no paras de caminar. Cuando crees que no hay salida pero que siempre encuentras un camino por donde andar.

El nivel medio de felicidad es aquel en el que ríes solo cuando tienes motivos para reír porque te sientes bien. Esos momentos en donde disfrutas de tus seres queridos, festejas con tus amigos y recibes premios por tus logros. Esos momentos que no te gustaría que terminen jamás porque estas a gusto con lo que estás haciendo.

El nivel más bajo de felicidad es cuando ríes porque así está establecido. Cuando estas acompañado, y para no hacer sentir mal al que está a tu alrededor, muestra una sonrisa la cual no sientes de corazón, pero que debes mostrar para no estropear el momento. Cuando tienes motivos para reír, pero tienes ganas de llorar.

Ser feliz es aceptar cada momento, pero no como un conformista, sino como una oportunidad de crecimiento, de aprendizaje, de experiencia. Una experiencia que poco a poco te llena de calma, una calma placentera, una calma embriagante, una calma de grandeza y armonía con todo lo que te rodea.

La felicidad se mide cuando no esperas para ser feliz, cuando esa espera es parte de lo que estas esperando, y puedes disfrutarla con paciencia. Cuando no te distraes pensando en lo que no ha llegado, aunque sepas que llegara, y si no estás seguro de su llegada, puedas disfrutarlo, aunque no llegue jamás.

La felicidad se cuenta por segundos, por minutos, por horas, por momentos. La felicidad es cada instante porque ser feliz es estar vivo, el resto no importa. El resto son solo situaciones que enfrentamos durante la vida, el conjunto total de la misma e incluso cuando crees estar triste sigues vivo por tanto eres feliz.

Ser feliz es estar agradecido por esa vida con la que el universo te ha premiado, para vivir la genial experiencia de ser humano. Humanos capaces de sentir, de crear, de amar, de compartir, de disfrutar.

Disfrutar de nuestra familia, de nuestros amigos, disfrutar de nuestro entorno, disfrutar de nuestro cuerpo.

La felicidad se mide cuando puedes ver cuanto estas dispuesto a compartir lo que ya tienes con quien no tiene nada, y puedes transformar en sonrisa rostros tristes.

Tu nivel de felicidad será siempre proporcional a cuanto eres capaz de desprenderte e igualmente proporcional a cuanto necesitas.

La felicidad eres tú mismo en conexión con todo lo que te rodea, tu eres feliz, aunque no lo veas. Tu estas conectado con el aire, con la lluvia, con los mares, con la tierra. Tu eres un ser libre capaz de hacer lo que quieras, y llegar a donde te lo propongas porque naciste con el don de transformar tu vida a tu antojo.

Tu felicidad eres tú en estado natural, como parte del universo en el que habitas. Nadie puede quitarte el derecho de ser feliz. Ninguna persona tiene el poder de hacerte daño, si tú no lo permites.

Solo tú tienes en tus manos la magia de tu ser, la grandeza de tu espíritu, la gloria de tu alma. La gloria de ser, humano

La gloria de ser, Humano.

Acepta

Lo primero en aceptar es que somos seres humanos, y como tal no somos perfectos, todos tenemos defectos. Por muy puritanos que quieran ser algunas personas, sintiéndose especiales antes los demás, por mucho que quieran hacerte creer que tu estas mal o actúas de modo inadecuado, tú eres el único que puedes juzgarte a ti mismo.

Solo tú eres quien sabes en verdad, el modo en el que te sientes a gusto, las formas de bienestar que te llenan.

De normal las personas que más te dicen como hacer tus cosas, son las personas que más tienen que cambiar. Las personas que más errores cometen son las que tienen más necesidad, de ver en ti, que ellos son mejores.

Mediante las criticas estas personas alimentan su ego, sobre todo si les prestas atención. solo que estas personas en ocasiones dejan sus errores ocultos a los ojos de las demás personas, de forma que se presentan como los mejores, y se siente con derecho de juzgar.

Debemos aceptar nuestros enfrentamientos internos, aceptar que las dudas son parte de nuestro ser, ya que ahí está el debate de una buena elección, y el lenguaje de tu interior. siempre nos estamos contradiciendo, buscando respuestas a lo que no comprendemos, y ese debate nos ayuda a tomar las mejores decisiones.

Debemos ser conformes con saber que ya con el hecho de haber nacido, tenemos la mitad del camino recorrido. Que las dudas son necesarias para el crecimiento y la autocrítica.

Tenemos que aceptar a todos las personas, así como yo, como tú, ellos también son imperfectos y tienen que encontrar su camino a su manera. No juzgar nunca a ninguna persona porque se equivoque, cometa algún error, o estarás dando lugar a que tú también seas juzgado, y pierdes el hilo de lo importante, que eres tú.

Aceptar que seremos engañados, que nos mentirán, que nos faltaran al respeto, incluso que nos intentaran humillar o maltratar.

Debemos aceptar que somos libres para hacer y tomar las decisiones que nos plazca. El primer paso para la libertad es dejar a los demás ser libre, por tanto, debemos aceptar que no está en nuestras manos guiar el camino de ninguna persona. Aceptar que solos podemos guiarnos a nosotros mismos. Disfrutar de las decisiones que tomen otros, así no sean de nuestro agrado.

Aceptar que estas vivo, y te mereces ser feliz con la vida que tienes ahora, y no con la que está por llegar.

Hay que aceptar todas las emociones, todas tienen algo que decir. Si nos negamos a sentir la fluidez de las emociones en nosotros, les quitamos al abecedario la mitad de sus letras, y luego no podemos escribir el poema de la vida.

Aceptar que odiamos, que amamos, que sentimos celos, envidia, tristeza, rencor, miedo. Aceptar que somos capaces de sentir paz, armonía, ternura, que somos valientes. Aceptar que somos el conjunto de todas nuestras emociones.

Aceptar el mundo tal y como es. Aceptar las guerras, y no dejar que nos afecten. Aceptar las injusticias, pero no cometerlas nosotros. Aceptar las ideas, los ideales, las políticas, teniendo claro cuáles son nuestros propios ideales, nuestras propias políticas. Aceptar a los corruptos, a los violadores, maltratadores, saber que ellos existen, han existido, y existirán, no depende de nosotros cambiar sus vidas, pero si está en nuestras manos ser diferentes, y llevar al mundo nuestro ejemplo.

Hasta no conocerte tú, lo demás son criticas vanas que te alejan de tu espíritu. Aceptemos los problemas como una escuela de la vida, problemas que nos llenan de experiencia.

Aceptar que podemos aprender de cada uno de nuestros actos, y que cada uno de ellos son importantes, para llegar a ser una persona digna de admiración.

Aceptar que somos capaces de ser grandes, de ser únicos, que tenemos la capacidad de comernos el mundo a bocado con cada acción.

Centremos nuestra existencia en aprender, llevando nuestras vidas por un camino positivo, lleno de oportunidades. Aceptemos que podemos reír con cada momento con cada amanecer.

Aceptemos que somos poseedores de grandes virtudes. Virtudes que nos pueden ayudar a mejorar nuestra existencia, y quizás entonces podamos ayudar a los demás a mejorar las suyas, mediante nuestro ejemplo.

La gloria de ser, Humano.

Aceptemos la vida tal y como es, simple como la naturaleza, llena de belleza.

Acepta que los seres humanos no somos diferentes, que las únicas diferencias que tenemos están en nuestra mente. Una mente que ha sido adquirida a partir del momento que nacemos, una mente que será creada según el lugar en donde crecemos, influidos por las personas que queremos, esas personas que conocemos, familias, amigos, e incluso enemigos, esos que ganamos a lo largo de nuestros senderos y a quienes también tenemos que aceptar, porque son ellos los maestros de nuestros caminos.

La gloria de ser, Humano.

Buenos y Malos

En esta vida lo más importante es ser feliz con todo lo que hagas, sentirte a gusto contigo por dentro, que tus actos no sean de modo consciente, con la intención de hacer daño a ningún otro ser humano. Que los demás opinen sobre tus actos no es hacer el mal, sea cual sean sus opiniones.

Hay personas que intentan decirnos el cómo y el porqué de las cosas, cuando ellos mismos no saben cómo llevar su vida. Son personas que su propia vida la ven llena de problemas, de calamidades, viven con miedo, y son presa fácil de un estado de ánimo. Son personas que están más pendientes de tu vida que de las suya propia.

Personas que no entienden que pasa en su interior y prefieren hacerte ver tus errores antes que hacerse responsables de los suyos. Son gente que su vida tiene tan poco interés, ante sus ojos, que les hace falta seguir la vida de los demás para poder tener un poco de emoción en la vida de ellos mismos.

Estas personas te hacen creer que eres inferior por tus fallos y ellos son mejores por

66

aconsejarte, y la verdad esto es penoso. Por eso es muy importante no prestar atención a estas personas o estaremos cometiendo el mismo error de ellos, estando pendiente a sus pensamientos y acciones, dejando a un lado las nuestras.

No dar importancia a lo de afuera, cuando lo que tienes que seguir es aquello que sientes. Ser sincero contigo, fiel a tus emociones. Es en las emociones donde está el lenguaje de la divinidad infinita del todo y la nada.

Si tu fuma y al hacerlo te sientes bien con el acto que estas realizando, y es algo que a tu entender te hace bien o simplemente tienes las ganas o el deseo de hacerlo, entonces no escuches al que te diga que morirás de un cáncer de pulmón. Morir de cáncer de pulmón, no está en tus pensamientos. Quien te está diciendo esto tiene que mirar primero sus errores, quizás después, con su ejemplo, y no con sus palabras, pueda ser capaz de mostrarte el camino.

Si tu fuma y sientes que deberías dejarlo, porque crees que te ayudara a tener mejor respiración, porque te gustaría hacer ejercicios, porque es caro, o porque estas convencido por ti, en tu mente, de que no es lo mejor para tu vida, entonces busca el medio que sea necesario para que ese pensamiento se haga realidad. Estos son tus pensamientos y tienes la necesidad de hacerlo, las razones del porque solo tú la sabes.

Tenemos que saber escuchar todas las emociones, el conjunto de todas ellas es el lenguaje completo del ser. Todas las emociones son buenas, todas tienen mensajes para ti, todas te dicen algo especial.

Así como todos queremos amor, también tenemos que ser conscientes que el odio es una emoción natural del ser, tanto como la tristeza o la alegría. Solo tienes que saber escucharlas para empezar a tener conexión contigo mismo, y puedas comenzar a ver qué es lo que la divinidad busca de ti, y que tipo de camino eres.

El ser humano está dando un salto de evolución, está dando un paso más allá de los límites impuestos por la misma mente humana. Poco a poco la humanidad está despertando de un mundo que nos ha sido ocultado de modo consciente. El ser humano está empezando a

La gloria de ser, Humano.

sentir sus latidos no solo como un mero hecho, sino como una realidad divina.

Una vez una persona me pregunto, ¿un pederasta es feliz cuando viola un niño? ¿debemos dejarlo? La pregunta me sorprendió.

La verdad la violación de un niño inocente es algo muy feo y de mala digestión. Una persona que hace una pregunta de este tipo muestra claramente que el odio puede ser positivo, es un odio a la injusticia. Pero hay un pequeño problema en esta pregunta, a pesar de ser tan justa, desde el momento que hace la pregunta está pendiente al pederasta, el cual tiene su propia guerra consigo mismo y debe el encontrar solución a sus problemas.

Es lo mismo que si me preguntan ¿Quién es peor el Isis o Estados Unidos? Con esta otra pregunta seguimos en lo mismo del pederasta. No significa que estas cosas sean buenas o malas, es solo que son ideales de personas que nada tienen que ver con nuestro objetivo.

Nosotros como seres humanos no estamos aquí para juzgar, ni seguir ningún ideal, que son solo eso ideas. El lenguaje de las emociones va más allá de cualquier ideal que exista sobre la tierra, y por mucho que nos afanemos en

La gloria de ser, Humano.

buscar culpables o inocentes, nos pongamos en el lugar que nos pongamos, estaremos en el lugar equivocado.

Es como que yo pregunte ¿quiénes son más asesinos los terroristas de Múnich o el Mossad? ¿Quién fue más salvaje con sus decisiones Osama Bin Laden o Barack Obama? Está claro que tanto uno como el otro ha tomado decisiones que quitaron la vida de personas inocentes y cual sea el motivo o su fin no lo sé, yo no entiendo de política, menos se cómo funciona el mundo del petróleo.

En realidad, tanto uno como el otro han cometido infinidad de atrocidades a la humanidad de modo consciente y con fines personales o nacionales, como lo quieras llamar. Esta realidad esta y seguirá estando sin que nosotros podamos hacer nada por mucho que queramos.

La maldad está en las personas que siguen, con sus acciones, ideales que no pertenecen a su persona, a su ser. Personas que sin saber en realidad que está pasando o de que están hablando, se dejan guiar solo por un mecanismo de propaganda ideado para convencer a quien no se conoce así mismo.

Personas que ponen en estos ideales su existencia, llenándose de odio incontrolado que solo hace daño.

Estas acciones solo conllevan a la muerte de Seres humanos que deberían ser como hermanos, por ser creados del mismo modo, con el mismo fin, que es existir. Y por mucho que nos duela no podemos cambiar el mundo, pero si tenemos el poder de cambiar nosotros

También están aquellas personas que no pertenecen a ninguno de los dos bandos, personas que no viven en ninguna de estas naciones. Estas personas solo se limitan a dar su opinión, juzgar creyendo que no son parte del conflicto armado, pero muy lejos de la verdad. Son estas personas las que con su opinión alimentan la maldad del hecho mismo, el cual es el verdadero objetivo de todo el conflicto.

De modo que, aunque creas no estar dentro, tu opinión te lleva directo al ojo del huracán. Y peor aún te desvía de lo verdaderamente importante que eres tú, que es encontrar tu camino, saber para que estas aquí en esta tierra y cuál es tu propósito en la vida.

La gloria de ser, Humano.

Da igual la posición que tomes o lo que hagas estas equivocado, tanto unos como otros son asesinos.   Estarás de una parte u otra apoyando un conflicto, que nada de bueno tiene. Tu opinión será formulada dependiendo en la parte del planeta en que te encuentres. Las personas apoyan con sus energías un conflicto de maldad mezquina de ambas partes. Mezquindad que solo produce destrucción, no solo al planeta, también al alma de millones de personas, de seres humanos. El lenguaje de las emociones habla en otro idioma. El ser humano no está en esta tierra para debatir o apropiarse de lo que ya estaba cuando el llego.

Quizás te preguntes quien soy yo, y te diré yo soy un simple ser humano como tú, al cual le impusieron un nombre como modo de identificación, como el ganadero a sus vacas.

Soy un ser humano que se siente agradecido de lo que le ha sido dado, y que no merecía. El universo me ha regalado, el aire que respiro, la hermosura de un amanecer, el placer de estar vivo. En fin, todo aquello que el hombre sabe que es maravilloso, pero no se detiene a valorar. El hombre en su arrogancia da por hecho que son cosas que les pertenecen, sin poder ver que todo eso es prestado por un

La gloria de ser, Humano.

tiempo. Un tiempo que termina el día que mueres, es así de simple.

El hombre no quiere comprender que está aquí solo para poder conocerse a sí mismo y nada más. El conocerte a ti mismo te da la oportunidad de conectarte con el mundo, con los demás.

El cuerpo humano es energía, una energía divina que cuando encuentras su control se conecta a todos los demás como si de una red de telecomunicación se tratara.

Una conexión que en vez de aislarte te expande, como el universo mismo, estaría en consonancia con los demás mejor que nunca. Las emociones son un lenguaje universal, cuando consigues entender este lenguaje te puedes comunicar con toda la humanidad. Es un lenguaje que todos tienen, aunque no quieran o no puedan verlo.

Nosotros como simple seres humanos debemos amar a todas las personas del mismo modo que amamos a nuestra familia. Todas las personas de este planeta se merecen tu amor, tu comprensión, tu respeto, porque todos son como tú, como yo, con defectos. todos odiamos, todos amamos, todos en algún

La gloria de ser, Humano.

momento nos sentimos tristes, amados, felices. Todos de modo universal conocemos estas emociones, por tanto, todos tenemos temas en común, todos tenemos virtudes, grandezas. Por simple que te pueda parecer un ser humano te podría sorprender y darte una lección de vida la cual no olvidarías jamás, nosotros tenemos el deber de amarnos, ya que todos somos iguales.

La gloria de ser, Humano.

Fuerte

Consigo vencer a mi peor enemigo

ese que va siempre conmigo, siendo yo mismo.

Convertido en jinete agresivo,

domo el potro salvaje de los celos,

apagando su fuego con hielo.

Me paro con firmeza en medio del huracán

producido por el odio,

Consigo que mi soplo sea más potente que sus

ráfagas de viento.

Cojo por la cola el tornado de la ira,

la transforma en suave brisa.

Ignoro el terremoto de la envidia,

me gozo del progreso, que observo.

Atravieso con sigilo el miedo,

lo asesino con mis logros.

Yo puedo hacer trizas la avaricia.

Me rio a la cara del orgullo,

La gloria de ser, Humano.

afirmándole mi humildad.

Pego al ego mientras me miro al espejo.

Miro el futuro convencido de que voy a vencer.

Peleo hasta el último aliento los rounds

que la vida me pone en el ring del día a día.

Soy capaz de amar a quien no me ama,

puedo dar a quien no se lo merece,

perdono al que me ofende.

Yo soy un fuerte que haciende

La gloria de ser, Humano.

Super héroe

Es impresionante ver como todos se quedan maravillados viendo películas de super héroes, por lo magníficos que son. La mayoría de las personas disfrutan de estas películas, en especial los jóvenes y los niños. Los cines se llenan cuando hay un estreno de Marvel, Disney, o cualquier compañía cinematográfica que presente un argumento super heroico o de fantasía.

Superman, por ejemplo, puede volar por los cielos a la velocidad de la luz, es el hombre de acero que resiste todo tipo de ataques balístico o de fuego, también tiene visión rayos x que le permiten atravesar muros, dándole la oportunidad de ver todo lo que sucede en una habitación, sin tener que entrar en ella. Pero como todos los super héroes, Super Man no quiere que nadie sepa su secreto oculto, por eso usa un disfraz. También como todos los super héroes, Super Man tiene una debilidad, ante la kryptonita Super Man no puede hacer nada porque pierde sus fuerzas, y todas sus habilidades.

Los que si se sentían orgullosos de su creación eran Jerry Siegel y Joe Shuster, y la verdad no creo que en ningún momento se sintieran temerarios de su identidad y menos de sus poderes.

Hulk es un científico que, a simple apariencia, es un hombre normal, pero cuando se enfada se convierte en un ser con una fuerza impresionante, una musculatura y tamaño imposible de superar, capaz de destruir a todos y todo a su paso.

Hulk en cada transformación pierde toda su ropa al volver a la normalidad de hombre común, sintiéndose desorientado por no recordar nada de lo sucedido. Para Hulk tener esos poderes no es placentero los considera malos para su vida como ser humano. Mas para Stan lee y Jack Kirby, si que era una apuesta sustanciosa.

Linterna verde es un joven a quien le fue otorgado   un mágico anillo, que le da la increíble habilidad de materializar todo aquello en lo que se concentra. Linterna verde puede hacer real todo en lo que piensa con fuerza. Pero Linterna verde, también tiene miedo a

La gloria de ser, Humano.

fallar, miedo a no ser adecuado para la misión y la responsabilidad que tiene en sus manos.

Quienes no tuvieron miedos de soñar y mostrar al mundo sus ideas fueron Bill Finger, Martin Nodell, John Broome y Gil Kane.

Estoy seguro de que todos conocen estas fantásticas historias y en algún momento han fantasiado con poder poseer algunos de estos super poderes y realizar tales heroísmos. Muchas personas Imaginan como seria poder volar o tener la mayor fuerza del mundo.

Imaginan como seria poder visitar esos planetas mágicos desde donde llegan, estos super hombres, o saber la fórmula mágica que transforma a estos personajes.

Todos los telespectadores se dejan hipnotizar, de un modo fenomenal, por el único personaje real de todo lo que ven. Este personaje capta su atención hipnotizando sus sentidos y juega con sus ilusiones, transportándolos, por un tiempo, a lugares increíbles.

El escritor o los escritores, mediante la ficción y su propia imaginación, tienen ese poder de magnetismo y seducción. Los autores de estas sagas han descubierto el gran super héroe que

La gloria de ser, Humano.

llevan dentro, y saben el valor real de su poder. El televidente al ver la película es consciente de que no puede realizar las proezas de estos personajes, aun así, se empeñan en imaginarlo.

Los escritores, que se conocen a sí mismo, se sienten seguro y capaz. Los autores de estas ficciones intentan siempre compartir lo que sienten, aquello que ha descubierto, mandando mensajes de superación, y alertando al hombre del gran poder del ser humano, usando la ficción para su fin. A pesar de la mentira y de lo fantástico de los personajes, Los autores mediante las palabras lanza descargas de superación, de paz, de armonía, y de fuerza.

El ser humano es, en su mayoría, consiente que no puede, de modo real, ser el personaje que la ficción ha creado a través del escritor, pero, aun así, y siendo conscientes de esto, se empeña en imaginarlo y fantasear con la mentira, dejando de lado la verdadera intención del mensajero.

Como en la vida real, el hombre en su mayoría, pone más atención a lo banal, a la mentira, y a lo imposible, sobre todo a lo que los aleja de su verdadero ser y su gran poder interior.

La gloria de ser, Humano.

Cada ser humano es un super héroe en potencia, pero son pocos los que consiguen saberlo y controlarlo. Todos los humanos tenemos super poderes, pero pocos se detienen a buscarlo en el lugar donde residen. El hombre esta tan eclipsado con los poderes de fuera y de otras personas, en especial si estos son banales, que no acepta su verdadera naturaleza.

Un gran poder conlleva una gran responsabilidad, le dijo el tío Ben a Peter Parker, Spiderman. Spiderman a su vez tuvo que caerse muchas veces ante de controlar su telaraña, luchar con valor para comprender lo que le pasaba en su interior. Pero para Stan lee y Steve Ditko estaba claro su objetivo.

En el interior de cada ser humano está la fuerza divina y maravillosa que lo convierte en super héroe. En cada uno de nosotros esta la responsabilidad de poder desarrollar esos poderes, siendo conscientes de que no es fácil, hay que trabajar con valor para entenderlo, siendo constante en nuestra búsqueda.

Es dentro de ti donde debes mirar y para eso te tienes que enfrentar a tu villano que eres tú

La gloria de ser, Humano.

mismo. Con valor enfrentarte a todo lo que te pueda alejar de tus poderes.

Por un tiempo hay que centrarnos en nosotros y dejar el mundo de lado. Centrarte, responsabilizarte en encontrar tu magia.

Créeme da igual que creas que no la tienes esa fuerza, porque no hay ser humano en esta tierra que carezca de esa energía. Todos somos super héroes.

La gloria de ser, Humano.

Seguiré

El que tenga oído que escuche, el que tenga ojos que lea, aquel que tenga corazón, que lo deje latir. Mas, el que tenga consciencia será iluminado.

Atentos que el precio del conocimiento es la desaprobación de los ignorantes, que no son capaces de ver más allá de sus propias narices.

La ilusión de vivir se puede alimentar de un aprendizaje, querido y consciente que inunda toda la mente.

El que vive en la verdad necesita vivir para aprender y seguir aprendiendo, para poder crecer. Escribir es mi destino aprender es mi pasión lograrlo, es mi meta.

Seguiré estudiando, aunque no sea un niño.

Seguiré creciendo, aunque ya soy grande.

Seguiré soñando, aunque estoy despierto.

Seguiré adelante, aunque no corriendo.

Seguiré buscando, aunque ya encontré.

Seguiré viajando, hasta que muera.

Seguiré viviendo, aunque ya morí.

La gloria de ser, Humano.

Seguiré subiendo a lo más profundo

Seguiré riendo, aunque sea este el mundo

Para que ser un personaje de la película, así este sea el principal, cuando puedo permitirme ser el creador de toda la historia.

Tomo cada momento como si fuera el ultimo, vivo como si fuera a morir, sonrió como si no pasara nada, porque no se puede confundir, un ideal, con un sueño, por los ideales, peleas hasta morir, por los sueños, luchas por conseguirlo.

Nací para ser parte del fuego que derrita el invierno, en que está sumido el mundo. Quiero que vuelvan a florecer los árboles de dulce frutos que llenen la tierra de vida.

El universo entero está más cerca de mí que la estrella más lejana. Más grande es lo posible, que lo realizable, lo posible está dentro de mí, lo realizable se ve con ojos carnales.

El hombre, en su ceguera, no puede ver lo que es capaz de hacer, embriagado por aquello que ya hace. Por mucha información que tengas de nada te sirve si no sabes qué hacer con ella, solo te llenas de dudas. La inteligencia

La gloria de ser, Humano.

solo es real cuando se utiliza para avanzar de modo seguro.

Seguiré estudiando, aunque no sea un niño.

Seguiré creciendo, aunque ya soy grande.

Seguiré soñando, aunque estoy despierto.

Seguiré adelante, aunque no corriendo.

Seguiré buscando, aunque ya encontré.

Seguiré viajando, hasta que muera.

Seguiré viviendo, aunque ya morí.

Seguiré subiendo, a lo más profundo

Seguiré riendo, aunque sea este el mundo.

Inteligencia es información acumulada. Sabiduría es saber cómo usarla, saber emplearla a la hora precisa y adecuada en este mundo de vidas apagadas.

El inteligente cree saberlo todo en la vida, el sabio es consciente que aún hay mucho por aprender.

El inteligente se cierra puertas por saberlo todo. El sabio se abre camino para seguir aprendiendo.

La gloria de ser, Humano.

La Fuerza del Interior.

Un inteligente sabrá que con su información acumulada nunca podrá competir con una sabiduría bien trabajada, quien es inteligente se apresura a dividir un grupo para tener mayoría, el sabio es consiente que en la unión esta la mejoría.

Con sabiduría debemos actuar por eso la paciencia tenemos que buscar.

Seguiré estudiando, aunque no sea un niño.

Seguiré creciendo, aunque ya soy grande.

Seguiré soñando, aunque estoy despierto.

Seguiré adelante, aunque no corriendo.

Seguiré buscando, aunque ya encontré.

Seguiré viajando, hasta que muera.

Seguiré viviendo, aunque ya morí.

Seguiré subiendo, a lo más profundo.

Seguiré riendo, aunque sea este el mundo.

La gloria de ser, Humano.

Elementos

Respeta tu entorno sea cual sea, has de tu hogar el lugar en donde te encuentres en cada momento, cuida con esmero todo el medio ambiente. Todo merece respeto, porque es divina creación en comunión con tu espíritu. Un árbol tiene mucho que enseñar si lo miras con detenimiento.

Date tiempo para disfrutar de la naturaleza y siéntete admirado por cualquier tipo de vida en movimiento. Por pequeña que te parezca una hormiga, esta tiene en este plano un propósito y como tal tiene que cumplirlo, por eso debes respetarlas de modo que el universo también respete tus propósitos.

Busca paz en las montañas, gózate con la música de los ríos, sus cascadas, y sus transparentes aguas, déjate envolver con el aroma del mar, disfruta de sus olas, siente la arena en las plantas de los pies, esfuérzate solo por ver un amanecer, juega con las estrellas, mójate bajo la lluvia.

Admira las flores y los claveles, no hay traje de moda más hermoso, que un jardín de orquídeas o de rosas.

La Fuerza del Interior.

Juega con los animales, convierte en un niño curioso, intenta coger una lagartija, mira como camina, fíjate en su corazón, siéntelo latir mientras la tienes en las manos y luego déjala ir imaginando que eres tú.

Empieza a ver el paraíso que es el mundo donde vives, observa las obras de arte que son las grandes rocas, siembra un árbol en algún bosque y de vez en cuando ves a visitarlo, acaricia sus hojas y dale de beber, llénate de vida al ver como crece y empápate de su paz, de su tranquilidad, de su sabiduría, de su armonía de su paciencia.

Aprende de las enseñanzas más puras que nos ofrecen los elementos, y conecta con ellos, como ellos ya lo están contigo, los elementos no te eligen tú ya eres parte de ellos, solo por estar vivo, somos nosotros que debemos dar el primer paso y tomar la decisión de embriagarnos de la esencia del mundo, de la naturaleza, de los elementos.

Tenemos que conectar con el todo, usar esa red que no vemos, pero que la tenemos más presente de lo que podamos imaginar.

Un parque, una maseta con flores, una mañana temprana, aunque estemos en la

La gloria de ser, Humano.

ciudad no hay excusas para disfrutar de tales grandezas, no podemos dejar pasar por alto todo lo maravilloso que pasa a nuestro alrededor día a día.

Son muchas las culturas a lo largo de la historia que nos enseñan la importancia de los elementos, a tal punto que, para algunas de estas culturas, los elementos eran sus dioses.

Mi intención no es que veas los elementos como dioses, pero sí que te fundas en su grandeza y les de la importancia que tienen como parte del universo en el que vives, como parte del todo que forma a eso que todos llaman Dios.

Agua: El agua es la sangre que mantiene con vida al planeta, los ríos fluyen como venas llenando los mares, que sirven como grandes caminos, uniendo todos los continentes. el agua que mantiene con vida todo lo que vive, agua que cae del cielo, agua que brota de manantiales, agua que llena el 75% de todo nuestro cuerpo, agua cristalina y pura.

Agua salada, agua de lluvia, agua en fuerte torrenciales, que en energía se transforma. Agua que toma cualquier camino y forma, agua que gota a gota puede perforar cualquier dura roca. Se agua, vive el agua en todas sus formas.

Aire: El aire acaricia tu rostro sin ningún complejo, te llena de vida en cada suspiro, mantiene en forma los jardines transportando en sus ondas el polen que foresta el mundo. El aire mueve las nubes a su antojo, invisible y volador con la fuerza de un tornado, el poder de un huracán.

Viajante incasable de continente en continente, aire de día, aire de noche, aire que da soplo de vida y a las aves les muestra su norte, aire que va aire que viene, libre y perdurable, aire de aromas, aire que invade todos los sentidos, aire maestro déjame volar contigo.

Fuego: Tú que todo lo renueva, dejando preparado para vida nueva, fuiste el último en llegar a la vida del hombre, y de inmediato en su corazón te plantaste. Fuego, junto con el hombre a fieras enfrentaste. Lleno de energía estas tú, fuego indomable. Tu purifica los alimentos y nos calientas protegiéndonos del frío, furia de los volcanes formando islas e islotes, tú has llenado el mundo de gloria. bienvenido seas en mi vida fuego incesante.

La gloria de ser, Humano.

La Fuerza del Interior.

Tierra: Muchos te llaman madre y no están muy alejados, por algo todo el planeta lleva tu nombre. Tu tierra eres un cuerpo que da de comer a todo el que te habita, nos da los frutos de los árboles, que de ti dependen, sin ninguna condición a todos nos mantienes.

Tierra de praderas, tierra de montaña, tierra de llano, valles y desiertos. De ti tierra fértil salen las medicinas que curan nuestros males, por mucho que el hombre quiera sin ti no sería nadie. Peor aún, nada aquí existiera si tú no estuvieras, tú eres la base de toda nuestra esfera, no hay nada que por ti no pase madre tierra. Tu sin nosotros podrías existir, pero nosotros sin ti, nada fuéramos, por eso te respeto y cuido porque tu estas por doquier llenando de hermosos paisajes todo nuestro ser.

El día que yo muera me gustaría ser enterrado en una pradera, en un hueco profundo, y sobre mi tumba en vez de lapidas planten un árbol, sea de roble, caoba, o flamboyán. Que mi cuerpo sea envuelto en papel de madera, sin ataúd, porque quiero fundirme de inmediato contigo tierra, con la naturaleza, y que mi cuerpo ya sin vida sirva de nutriente para el árbol plantado.

La gloria de ser, Humano.

No quiero coronas de flores cortadas, prefiero rosales naturales alrededor del árbol, creando un jardín natural en su entorno. Cuando este árbol sea ya grande y fuerte, el que me recuerde y me lo quiera demostrar, que coja frutos secos y plante otro árbol en algún otro lugar, espero que me quieran muchos, así se poblara el planeta un poco más de árboles hermosos, todos para la humanidad.

La gloria de ser, Humano.

Prologo

Soy un completo creyente, creo firmemente en la energía del universo, creo en la conexión de la energía que emana de cada uno de mis actos y mis emociones, creo en la divinidad infinita, el todo, la nada. Creo en la grandeza superior de todos los seres humanos. Creo en la nada que está en lo diminuto.

Creo en una energía, que no hay, ni palabras, ni letras, ni mente, humana que pueda expresarla, describirla. Una energía que baña todo el universo y si existe algo más haya hay también esta, del mismo modo llenando con fuerza todo el interior y exterior de cada cosa.

No creo en Dios, no creo en el Diablo, tampoco creo en los medios de espiritualidad usado en la actualidad, no creo en ninguna religión, ni en ningunas de sus doctrinas. Tanto Dios como el Diablo son personajes creados por la mente del ser humano. No creo en las palabras corrompidas y corruptas que hoy invaden el planeta. El hombre, en el poder, solo busca riqueza y sumisión de masas.

Una masa que busca desesperada alguna salida a su incomprensión acerca de la vida.

Esta gente se refugia a ciegas en organizaciones o se dedican a seguir ideales que dividen a los pueblos, a las personas. Dentro de esta masa de gente, hay un gran número que viven atemorizados al infierno, atemorizados por sus pecados, con miedo a su salvación y más de uno habrá, que aún se sentirá limpio, por haber dejado en su iglesia el diezmo, la ofrenda o la donación.

Las emociones en su conjunto son la energía que conecta con la divinidad inexpresable. Solo el lenguaje de su sentir nos puede dar la luz del camino, es el lenguaje de comunicación, sin palabras, que las emociones usan, para la conexión con el todo. negarnos a sentir las emociones como son y todas sin distinción, es como coger un abecedario con la mitad de sus letras e intentar escribir un poema.

Yo soy Dios por que amo con sinceridad y con fuerza, yo soy Dios porque interpongo la verdad ante cualquier adversidad, yo soy Dios porque practico la bondad, yo soy Dios porque busco la paz, yo soy Dios porque amo a la humanidad, yo soy Dios porque busco la justicia, yo soy Dios porque puedo perdonar, yo soy Dios porque soy un ser humano, como tú.

La gloria de ser, Humano.

Yo soy el Diablo porque el odio me ha llevado a cometer errores, yo soy el Diablo porque he sentido celos desgarradores, yo el Diablo porque no creo en la palabra de los hombres, yo soy el Diablo porque me he sentido con la libertad de juzgar, yo soy el Diablo porque en algún momento no he querido dar, yo soy el Diablo porque he podido ser malvado, yo soy el Diablo porque he envidiado, yo soy el Diablo porque soy un ser humano, como tú.

Me siento afortunado del papel que me ha tocado vivir, en esta película llamada vida. Ser humano me permite sentir, me permite experimentar la existencia mediante la materia.

El lenguaje de las emociones te enseña a estar atento, te muestra las salidas cuando te encuentras en un laberinto, y si sabes prestar atención puedes encontrar las respuestas que estás buscando.

Mediante mi espíritu, mediante los latidos de mi corazón puedo escuchar esas palabras que dan vida a mi ser. Gracia a las emociones y a sus informaciones puedo vivir, sin miedo, sin tristeza, no me preocupa si moriré, si voy al cielo o al infierno.

La gloria de ser, Humano.

La Fuerza del Interior.

Para mi tiene sentido estar vivo, disfrutar de mi vida, aunque dure un suspiro, pero será un suspiro lleno y experimentado. Para mi tiene sentido amar, odiar, ser feliz, estar triste. Todas estas emociones me dicen cosas diferentes, que a su vez es el conjunto de la existencia real del ser, la esencia de todo lo vivo, la fuerza toda la materia.

Me niego a elegir entre cielo o infierno, entre Dios o el Diablo, me niego a ser parte de una religión, o seguir una doctrina. Me niego a elegir entre ángel o demonio, tristeza o felicidad, me niego a preferir odio o amor.

No voy a perder mi tiempo en elecciones, cuando la única elección que debo tomar es la de estar vivo y seguir viviendo, amando y compartiendo.

Quiero odiar, quiero amar, quiero estar triste, quiero ser feliz, quiero sentir celos, quiero vivir, quiero ser libre, quiero ser lo que soy, un ser humano imperfecto con un camino de aprendizaje y comprensión por delante. Quiero sentir y tocar con mi cuerpo todo lo que me haga sentir que estoy vivo, empezando por sentir el primer aliento que respiro cada mañana.

La gloria de ser, Humano.

Odiar no es malo, lo malo es negarte a sentirlo, negarte a saborearlo, negándote con ello la oportunidad de aprender y poder canalizarlo en buenas acciones. El fuego quema y no por ello sus primeros descubridores dejaron de domesticarlo hasta llegar a nuestros tiempos, ya dócil y manso.

Así como usamos el fuego para cocinar, y no nos quemamos, del mismo modo que transformamos los fuertes torrenciales de agua en electricidad. Una electricidad que luego usamos para tantas cosas, cargar el móvil, refrigerar los alimentos, calentar o enfriar la casa, alumbrar las calles etc. De igual manera, domamos los vientos, y atrapamos los rayos del sol, y todo lo controlamos, almacenamos, y damos buen uso. Todas estas son fuentes de energía igual que las emociones.

Cada ser humano tiene el poder de transformar sus emociones, canalizarlas y darle un uso correcto. Los seres humanos debemos de ver cada uno por separado, y a solas, cual es el modo más simple de poder hacer esto y disfrutar de sus grandes beneficios, tienes que ser sinceros con tu interior, buscar en ti aquello que te llene de vida y te lleve a tu propia grandeza.

La tristeza es una de las emociones más profundas, te acerca a las mejores experiencias internas. La tristeza es una emoción, que, si nos negamos a sentirla de modo natural, perderemos la oportunidad de sentir su susurro y apoderarte de su experiencia. Los celos consumen el alma, pero solo cuando no los aceptas, cuando te niegas a sentirlos, aprendiendo a reírte de ellos, aprovechando su energía para ver donde están tus debilidades y tomar el control de tu vida.

La ira es un huracán que arrasa con todo su entorno, hasta que te das cuenta de que la ira es una fuerza que te puede impulsar a conseguir grandes metas.

El amor a destruido más vidas en la tierra que arenas en el mar solo por no saber su significado. Una felicidad puede ser arrogante si no sabemos buscarla en los lugares correctos. La paz puede ser vagues si no nos ponemos en acción en algún momento. La bondad puede ser mezquina cuando se convierte en religión.

Vivir es sentir y son las emociones las que nos dan ese sentir. No hay emociones malas o emociones buenas. Todas son emociones, y nos guste o no, tenemos tarde o temprano que experimentarlas todas. Es nuestra responsabilidad determinar qué hacer con ese torrente de energía que fluye en nuestro interior.

Ya es momento de aceptar que Dios y el Diablo somos nosotros mismos. Dios es igual a, amor, paz, felicidad, bondad, verdad, cielo, gloria, creación, energía. El diablo se resume en, odio, tristeza, amarguras, llantos, tormentos, infierno, destrucción, energía. Son los corazones vacíos, los que aún creen en dos personajes que a lo único que nos enseñan es a estar en discordia el uno con el otro, a tener enemigos, ya que ellos dos, Dios y el Diablo, son el mejor ejemplo de esta sinvergüencería.

Los católicos aman, pero para los cristianos, los musulmanes se irán al infierno, porque su Dios es el diablo. Los musulmanes aman, pero para los musulmanes, los cristianos no entraran al paraíso, porque su Dios no es Ala. Al final los fieles que tanto aman se pelean y odian buscando a ver quién tiene razón.

No busques fuera algo que ya llevas dentro, no mires para arriba, ni para abajo, no escuches, ni a tu izquierda, ni a tu derecha.

La gloria de ser, Humano.

Solo vive y con cada paso aprende a desaprender.

No hay mejor confesor que tu interior, hay puedes ser sincero, tus palabras quedaran en ti. No hay hombre en la tierra que pueda juzgarte. Todas las personas tienen defectos, tienen mente, alma, espíritu y todas las emociones se han manifestado en ellos convirtiéndolos también en Dios o el diablo. Pero por encima de todo, ellos son como yo, ellos son como tú. Seres humanos.

La gloria de ser, Humano.

Agradecimientos

Doy gracias en primer lugar a la vida que tengo, a la fuerza que he conseguido para poder expresar mediante las letras todo lo que pienso. Doy gracias a mis colaboradores, Ralph Laucher en Suiza, Zúrich por su apoyo incondicional, sin el cual esta obra no habría tenido sus frutos, y por el aporte que siempre me ha brindado. A David Medina Gómez mi colaborador, gracias por sus ánimos y confianza en mi trabajo, por su tiempo y esfuerzo. A mi familia que, aunque no son de mucha lectura siempre han confiado en mí. Doy gracias en especial a mi compañera Sara Luz Castro Sosa que ha tenido la paciencia suficiente y se ha enfrentado a las adversidades junto conmigo, sin jamás tirar la toalla. Pero por encima de todo doy las gracias por esas personas que, no confiaron y me pusieron obstáculos los cuales me hacían cada vez más fuerte, dándome la fuerza que necesitaba y llevándome al lugar que me merezco. Gracias también a ti que estas leyendo en este momento por tu tiempo y por ser parte de mi vida mediante la lectura.

La gloria de ser, humano.

La libertad de un hombre no son cuatro paredes, la calle o compañía de ciegos ignorantes, que creen saberlo todo.

La verdadera liberta está en como veas el mundo, el modo en que vives cada momento, que el universo pone en tu vida.

Ser libre es ser feliz con lo que haces, disfrutar de cada momento como escuela del ser y experiencia del alma.

102

Ser libre es mirar al mundo con ganas de vivir y aprovechar cada oportunidad que tienes, hasta en el infierno las oportunidades son infinitas.

La felicidad es libertad y esta llega cuando tu fuerza está en tu corazón. La libertad es amor por ti mismo, la libertad es aquella que te anima a seguir tus sueños a pesar de que el mundo pueda estar encontrar del maravilloso ser que eres.

ATT: Krishna Mejia, un hombre feliz y dueño de su vida. ¿Y tú eres feliz? ¿Y tú eres libre?

La gloria de ser, Humano.

www.ingramcontent.com/pod-product-compliance
Lightning Source LLC
Chambersburg PA
CBHW031139250726
48655CB00002B/745